Die Juristischen Fakultäten und das Rechtsstudium

Von

Dr. iur. Erich Kaufmann
Privatdozent an der Universität Kiel

Berlin 1910.
J. Guttentag, Verlagsbuchhandlung,
G. m. b. H.

I.

Wenn ich als einer der Jüngsten es wage, in den folgenden Seiten auch meine Stimme neben den bisher gehörten erfahrenen und erprobten Männern vernehmen zu lassen, bedarf dies einer besonderen Rechtfertigung. Ich denke bei dieser Rechtfertigung nicht daran, daß wir Jüngeren, die wir noch mit der ersten und durch Erfahrungen ungetrübten Begeisterung für ein Ideal akademischer Lehrwirksamkeit erfüllt sind, die Not der Juristischen Fakultäten vielleicht besonders schmerzlich empfinden; sondern ich denke vielmehr an die besonderen Erfahrungen, die wir gerade infolge unserer Jugend zu machen in der Lage waren. Ich habe die Universität im Jahre 1898 bezogen, also kurze Zeit nach dem Inkrafttreten des jetzigen Lehrplanes, über den ich demnach zwölf Jahre lang als Student, als Referendar und jetzt auch im vierten Semester als akademischer Lehrer Erfahrungen machen konnte, die vielleicht als eine Ergänzung zu den nur von dem Standpunkt des akademischen Lehrers aus gemachten nicht ganz wertlos erscheinen werden.

Die Not unserer Fakultäten ist von Zitelmann*) mit so bewundernswerter Offenheit und so zutreffend geschildert worden, daß ich hierüber auf ihn verweisen kann. Es wird sich nur darum handeln, bei der jetzt geplanten Reform des Rechtsstudiums und des Vorbereitungsdienstes kurz zu sagen, wie sich mir, als einem Angehörigen der geschilderten Dozentengeneration, die Ursachen für diese Not darstellen, und wo daher die Reform einzusetzen hätte.

Auch darin stimme ich Zitelmann durchaus zu, daß wir den Hauptgrund für die beklagenswerten Erscheinungen nicht so sehr in einer Schuld der Studenten oder Universitätslehrer suchen dürfen, als vielmehr „in der sachlichen Einrichtung selbst". Eine Analyse dieser sachlichen Einrichtung, der jetzigen Lehr- und Prüfungsordnung, und ihrer Wirkungen hat daher die erste Aufgabe zu sein. Hierfür

*) Zitelmann, Die Vorbildung der Juristen. Leipzig 1909.

ist es nötig, Verallgemeinerungen und Vereinfachungen vorzunehmen, die ich nicht mißzuverstehen bitte: es sollen Grundtendenzen, durchschnittliche Stimmungen und Auffassungen, aber natürlich typische, geschildert werden. Daß sich diese nicht wie ein Naturgesetz auf alle Einzelerscheinungen anwenden, daher aber auch nicht durch jeden widerstreitenden Ausnahmefall widerlegen lassen, ist selbstverständlich. Die überragende Persönlichkeit des einzelnen Dozenten und des einzelnen Studenten durchbricht immer und überall solche Allgemeinschilderungen; aber an diese dürfen wir bei der Kritik objektiver Institutionen nicht denken: sie können sich bei jeder, trotz jeder Lehr- und Prüfungsordnung durchsetzen.

II.

Wenn ich alles dies berücksichtige, will es mir nun scheinen, daß der Hauptgrund für die schlechte Frequenz der akademischen Vorlesungen und den wachsenden Besuch der sogenannten Repetitorien darin liegt, daß die Juristischen Fakultäten durch die jetzige Lehr- und Prüfungsordnung auf ein Niveau herabgedrückt sind, auf dem jeder mittelbegabte Einpauker ihnen ganz erheblich überlegen ist.

Dies möchte ich im folgenden kurz begründen.

Unsere Studienordnung stellt das römische Recht an den Anfang des Unterrichts. Bezüglich seiner befand sich unsere Regierung nach der Kodifikation des bürgerlichen Rechts ganz ähnlichen Problemen gegenüber, wie seinerzeit beim Inkrafttreten des ALR. Es dürfte daher nicht ohne Interesse sein, sich wieder zu vergegenwärtigen, wie ein Mann wie Savigny über die hier in Betracht kommenden Fragen gedacht hat. Damals hatte die preußische Regierung — im Gegensatz zu der französischen und österreichischen, die ein unserem heutigen etwa gleiches System adoptierten — an dem römischen Recht als der Grundlage des bürgerlich-rechtlichen Unterrichts (3—4 Semester neben 1 Semester für das preußische Recht) festgehalten. „Man muß" — sagt Savigny — „bedenken, mit welchem Ernst und welcher Anstrengung das Landrecht gemacht worden ist, um die ganze Achtung zu empfinden, welche diesem Verfahren der preußischen Regierung gebührt. Denn auch bei der festen Überzeugung, daß das neu eingeführte ein unbedingter Fortschritt sei, hat sie dennoch mit edler Scheu sich enthalten, der fest gewurzelten wissenschaftlichen Gewohnheit zu gebieten, die durch das Bedürfnis und die Einsicht der Zeiten allmählich entstanden und entwickelt war."*)

Wenn wir auch heute sowohl dem römischen Recht wie auch insbesondere dem ALR. ganz anders gegenüberstehen als Savigny, so dürften doch einige seiner Argumente auch für die heutige Lage noch vollkommen zutreffen. Savigny hält für den römischen Rechtsunterricht $1^1/_2$ bis 2 Jahre für „hinreichend". „Nämlich hinreichend nicht zu vollendeter Gelehrsamkeit, was ohnehin kein vernünftiger Mensch von irgend einem Universitätsunterricht verlangen wird, wohl aber hinreichend, um in den Quellen zu Hause zu sein, um sie selbst lesen zu können ..."**) Interessant ist, daß auch damals schon über einen Rückgang in der Kenntnis der lateinischen Sprache geklagt wurde.***) Völlig ablehnend verhält er sich jedenfalls dem Plane gegenüber, das römische Recht zu einem „bloßen Hilfsstudium" zu machen und sich unter Weglassung des „mühseligen Details" „mit dem, was man den Geist dieses Rechtes nannte, zu begnügen". „Dieser Geist nun" — fährt er fort — „besteht in dem, was sonst Institutionen heißt und was zum ersten Orientieren ganz gute Dienste leisten kann: die allgemeinsten Begriffe und Sätze ohne kritische Prüfung, ohne Anwendung und besonders ohne Quellenanschauung, wodurch alles erst wahres Leben erhält." Und er schließt mit den Worten: „Dieses nun ist ganz umsonst, und wenn man nicht mehr tun will, so ist selbst diese wenige Zeit völlig verloren."†)

Ich glaube, daß die Erfahrung, die wir mit dem heutigen System gemacht haben, die Wahrheit dieses Satzes täglich bestätigt. Wie wenige unserer Studenten sind heute noch imstande die Quellen „selbst zu lesen"! Wie wenige treiben überhaupt für sich Quellenstudien! Die schlechteren ganz gewiß nicht, aber auch sicher nicht der Durchschnitt, selbst nicht der bessere Durchschnitt. Ich selbst gestehe mit großem Bedauern, trotzdem ich an seminaristischen Übungen teilgenommen habe, bei nicht ganz einfachen Stellen über ein ziemlich mühseliges Buch-

---

*) Savigny, Vom Beruf unserer Zeit für Gesetzgebung und Rechtswissenschaft (Neudruck der 3. Aufl. 1840). Freiburg 1892 S. 89.

**) Savigny, S. 74.

***) Savigny, S. 89. †) S. 76.

stabieren nie herausgekommen zu sein, und habe dasselbe bei fast allen, auch den zum besseren Durchschnitt gehörigen Kommilitonen beobachtet.

Ich glaube aber, daß ein wirkliches Zuhausesein in den Quellen, „wodurch alles erst wahres Leben erhält", bei dem heutigen System gar nicht verlangt werden kann; das hat ja auch Savigny nicht verlangen zu dürfen geglaubt. Und dabei arbeiten wir heute unter erschwerten Bedingungen: die Lateinkenntnisse sind noch mehr zurückgegangen, die nichthumanistischen Studenten drücken das Niveau der Seminare, in den folgenden Semestern treten die großen Anforderungen der Praktika und des eigentlichen Hauptstoffes hinzu, und der auf modernes Recht als Hauptsache eingestellte Geist hat nicht zu unterschätzende Hemmungen zu überwinden, um sich bei den Sprachschwierigkeiten auf lateinische Quellenarbeit „umzuschalten". Das Studium des römischen Rechts erfordert für einen 18—20 jährigen Menschen, der vom Recht und vom Leben noch nichts weiß, die ganze Kraft von mehreren Semestern: es ist nicht möglich, „nebenher" in seine Geheimnisse einzudringen. Heute dürfte selbst der bessere Durchschnitt nur einen mehr oder weniger großen Komplex römisch-rechtlicher Vokabeln und einige Begriffe als Ausbeute mitnehmen.

Hierin sehe ich nicht nur einen Mangel, sondenr eine positive Gefahr, die Gefahr, die in jeder Halbheit für heranwachsende und zu erziehende Jünglinge liegt. Aber diese Halbheit ist eben in dem System selber begründet: das römische Recht wird als das klassische Recht nach wie vor zur Grundlage des Studiums erklärt, und doch läßt man Realgymnasiasten und Oberrealschüler als gleichberechtigte Kommilitonen zu, und doch läßt man Kandidaten, die im Examen eine einfache Digestenstelle so gerade noch mühselig übersetzen können — notgedrungen, denn wieviel würden sonst bestehen! — durchkommen. Da kann es nicht wundernehmen, daß eine große Anzahl, wenn nicht die meisten Studenten an die Ernsthaftigkeit jener Proklamation des römischen Rechts zur notwendigen Grunddisziplin nicht glauben wollen, daß sie das Festhalten am römischen Recht für nichts als einen Zopf halten, den die Regierung — vermutlich auf Anraten einiger altmodischer „unpraktischer Professoren" — nicht abzuschneiden wagt.

So ist schon der Anfang unseres Rechtsstudiums, statt auf ernste, vertiefende und ganze Arbeit auf den Ton schnellen technischen

Aneignens von positiven, nie zu rechtem Leben gedeihenden Materialien gestimmt. Und es ist nicht zu verwundern, wenn uns in dieser Kunst der sogenannte Repetitor (in Wahrheit oft der einzige Lehrer) weit überlegen ist. Ich sehe daher schon aus den pädagogischen Gründen der Erziehung zu ganzer und tiefer Arbeit nur die beiden Möglichkeiten: entweder das römische Recht wieder mehr in den Vordergrund zu rücken, oder es ganz fallen zu lassen. („Wenn man nicht mehr tun will, so ist selbst diese wenige Zeit völlig verloren" — sagte Savigny.)

Bei dieser Erwägung ergibt sich mit Notwendigkeit die Frage, was wir im Interesse der Ernsthaftigkeit und Wissenschaftlichkeit des Studiums eventuell an die Stelle des römischen Rechts zu setzen vermöchten, oder ob wir etwa glauben wagen zu dürfen, den Rechtsunterricht ganz auf das geltende bürgerliche Recht zu zentrieren.

Es ist bekannt, daß Savigny damals die letzte Alternative mit aller Entschiedenheit abgelehnt hat. Ihm ist wissenschaftliche Arbeit am Recht identisch mit geschichtlicher Arbeit; aus den modernen Kodifikationen könne sich „ein eigentümliches wissenschaftliches Leben nicht entwickeln" und neben ihnen „nur in dem Maße . . ., als die geschichtlichen Quellen dieser Gesetzbücher selbst fortdauernd Gegenstand aller juristischen Studien bleiben".*) Und „für diese Arbeit scheint ein bloßes Kollegium von Geschäftsmännern, die durch ihren Beruf und die Menge übriger Arbeiten ihren lebendigen Verkehr mit der Theorie zu beschränken genötigt sind, nicht hinreichend".

Dazu kommt für Savigny als zweiter Gesichtspunkt, daß ihm in der Zentrierung der Rechtswissenschaft auf das moderne Recht ein „greiflicher Zirkel zu liegen" scheint: indem die Redaktoren der Kodifikationen selbst eine „Ergänzung durch die Wissenschaft" als „notwendig" betrachteten, und sich der wissenschaftliche Unterricht dann doch wieder ganz um die moderne Kodifikation drehe. Es sei „handgreiflich", daß „ein solcher Zustand . . . immer weiter rückwärts führt".**)

Aber gerade hierin sind wir infolge unserer veränderten Grundanschauung in anderer Lage als Savigny. Für uns ist wissenschaftliche Arbeit nicht mehr identisch mit geschichtlicher. Vor allem sind wir uns klar darüber, daß die geschichtliche Forschung nicht der Weg (oder gar der einzige Weg) ist, auf dem ein modernes Gesetzbuch „mit Sicherheit geprüft, gereinigt und vervollkommnet werden"

*) Savigny, S. 90. **) Savigny, S. 83—85.

kann.*) Wir haben heute eingesehen, daß die bloße Kenntnis des Werdeganges der Rechtsinstitute uns niemals Kriterien und Maßstäbe der Prüfung, Reinigung und Vervollkommnung an die Hand zu geben vermag, sondern daß hierzu vor allem eine Kenntnis des gegenwärtigen wirtschaftlichen und sozialen Lebens und eine Einsicht in das Wesen des Rechtes und seiner Ziele erforderlich ist.

Es fragt sich also, ob wir — in Konsequenz dieser Ablehnung des Savignyschen Historismus — an die Stelle der geschichtlichen Studien nationalökonomische und (im weitesten Sinne) philosophische setzen könnten. Wir würden so jedenfalls jenen „Zirkel" ebenso vermeiden können, wie wir auch jene kritische Arbeit zu leisten vermöchten. Und doch möchte ich nicht wagen unsere Frage in diesem Sinne zu beantworten.

Schon eine Interpretation der Rechtssätze unserer Gesetzbücher dürfte ganz unmöglich sein ohne eine Kenntnis ihrer Entstehung: der Gesetzgeber ist und bleibt — so sehr wir auch das geschaffene Gesetz als etwas von ihm Losgelöstes, als ein in sich selbständiges Ganzes anzusehen haben — ein historisches und darum nur aus der Geschichte verständliches Wesen; ein Außerachtlassen dieser Tatsache würde uns unfehlbar zu dilettantischen Willkürlichkeiten und unerträglichen Flachheiten führen.

Alle juristisch-wissenschaftliche Arbeit hat eben zwei Seiten, die gleich notwendig sind: eine geschichtlich-forschende und eine prinzipiell-systematisch-politische. Und in der Art, wie man sich diese beiden Seiten ergänzen und durchdringen läßt, dürfte das liegen, was wir den „juristischen Takt" zu nennen gewohnt sind. Der einzelne Forscher mag für sich die eine oder die andere Seite ganz in den Vordergrund rücken; aber er muß dann immer entweder die historische Einseitigkeit durch philosophisch-politischen „Takt" oder die philosophisch-politische Einseitigkeit durch historischen „Takt" zu ergänzen wissen, will er Brauchbares leisten. Dieser Takt ist natürlich nicht lehrbar, aber er ist zweifellos anerziehbar: und zwar nur dadurch, daß wir den Studenten immer beide Seiten vorführen, sie die Notwendigkeit beider verstehen, das unendlich Reizvolle dieser Durchdringung und Ergänzung lieben lehren, und sie daran gewöhnen, selbst solche Aufgaben des Taktes zu lösen.

---

*) Savigny, S. 83.

Und was tut unser Lehrplan, der mit seiner Gestaltung des römisch-rechtlichen Unterrichts nach den obigen Ausführungen in sachlicher wie pädagogischer Hinsicht nicht befriedigt, nach jener zweiten notwendigen Seite des Rechtsstudiums?

Er schreibt zunächst das Hören von nationalökonomischen Vorlesungen vor. Auch hierin haben wir m. E. dem Erfolge nach wieder eine nicht nur positiv nichts fördernde, sondern eher schädigende halbe Maßregel. Da die Nationalökonomie, trotz aller Betonung ihrer Notwendigkeit auch für das Examen, schon mangels eines Fachmannes in der Prüfungskommission, keinen irgendwie erheblichen Prüfungsgegenstand bildet, ist diese Maßregel ein Messer ohne Schneide. Der Student, wie er heute nun einmal tatsächlich im Durchschnitt aussieht, hat vor allem die eine Sorge, daß sein Testierbuch in Ordnung ist. Er „belegt" die nationalökonomischen Fächer, geht auch gelegentlich hinein, hört sie vielleicht, wenn er einen „berühmten" oder „glänzenden" Dozenten belegt hat, auch an; aber von wirklicher „Arbeit" ist nur in seltenen Ausnahmefällen die Rede: die Praxis der Examina behandelt die Nationalökonomie ja selbst nicht als „wesentlich"; nationalökonomische Unkenntnisse, wenn überhaupt hier und da einmal eine kleine „Bildungsfrage" aus diesem Gebiet gestellt wird, haben „noch niemand den Hals gebrochen". Ein Privatdozent, der häufiger mit ungenierten Anfragen von Studierenden beehrt wird, hat oft Gelegenheit, die Stimmung der Studenten den nicht unbedingt vorgeschriebenen Kollegien gegenüber kennen zu lernen: es kommt im wesentlichen auf das bloße „Belegen" und den immer wiederkehrenden Wunsch, auf die Prüfungskommission einen „guten Eindruck" zu machen, hinaus. — Auch hier scheint mir, um über diese Halbheit und dies pädagogisch bedenkliche Scheinwesen hinauszukommen, eine ganze Maßregel unbedingt erforderlich, die die Nationalökonomie auch wirklich zu einem Prüfungsgegenstand, etwa nach Art der Nebenfächer im philosophischen Doktorexamen, macht.

Eine weitere, viel erörterte Maßnahme zur praktischen Belebung des Rechtsunterrichts ist die Einführung der Zwangspraktika. Ich will hier nicht in eine neue Erörterung des Für und Wider bezüglich dieser Einrichtung eintreten, sondern mich darauf beschränken, auf eine höchst unerwünschte Konsequenz hinzuweisen, die aus ihrem Zwangscharakter folgt. Da jeder Student ein „ausreichendes" Zeugnis in diesen

Übungen erhalten muß, wird es notwendig, die Aufgaben so zu wählen, daß sie auch der untere Durchschnitt bei einigem Fleiße befriedigend lösen kann. Es können daher in der Regel nur mehr oder weniger periferische Probleme in Rechtsfälle eingekleidet werden; und die Grundfragen, die ganz ebenso einmal „praktisch" werden können, müssen ferngehalten werden. Und um dem Einzelnen, der sich einmal „verhauen" hat, die Gelegenheit zu Kompensationen zu geben, müssen viel kleine Aufgaben gestellt werden. — So kommt es, daß der Student seine Leistungen in diesen Übungen gewöhnlich überschätzt, daß er die in den Vorlesungen behandelten Grundfragen, die ihm in den Übungen nicht wieder begegnen, für tote und graue Theorie hält, die er über die Achsel ansieht. Der Student hat in Wirklichkeit nur eine gewisse *technische Gewandtheit in der Lösung leichter und mittelschwerer Rechtsfälle* erlangt: von irgendwelchem Problemgefühl ist keine Rede, und so der Boden vorbereitet, auf dem an der Stelle vertieften Nachdenkens die Phrase der freirechtlichen Schule bei allen nicht unzweideutig durch Gesetzessubsumtion lösbaren Problemen ihr bedenkliches Wesen treiben kann, und, wie ich fürchte, in immer steigendem Maße auch treiben wird. Ich glaube, daß alle diejenigen, die selber noch unter dem alten Regime groß geworden sind und oft ganz unbewußt eine solide theoretische Grundbildung in sich aufgenommen haben, die Öde, die heute in den weitesten Kreisen der Studentenschaft hier herrscht, und so die darin liegenden Gefahren leicht unterschätzen.

Praktische Übungen sollen gewiß die systematischen Vorlesungen nach der Seite der Rechtsanwendung belebend ergänzen; aber sie sollen — da man ja akademische Lehrer mit ihnen betraut — doch immer noch der *wissenschaftlichen* Ausbildung dienen. Aber diesem Zwecke dürften sie durch ihren Zwangscharakter mit den geschilderten Konsequenzen eher entgegenarbeiten. Auch in ihnen haben wir daher ein Element in unserm Lehrplan, das mehr der Ausbildung in technischer Gewandtheit mit einer damit notwendig verbundenen gewissen Oberflächlichkeit, als ernster wissenschaftlicher Vertiefung dient: auch mit ihnen bereitet darum dieser Lehrplan in letzter Linie jenem *Geiste des bloßen technischen Könnens den Weg, auf dem schließlich auch der „Repetitor" seinen Einzug hält.*

Diese Zwangspraktika werden dabei immer mehr von den Studenten als der eigentliche Angelpunkt des ganzen Studiums angesehen. Hier lernen sie sich das erste Mal fühlen, durch sie können sie ihren Eltern — da es an Kollegheften meist fehlt — etwas schwarz auf weiß nach Hause bringen, und der Staat selbst scheint den „ausreichenden" Zeugnissen gegenüber dem Anhören von Vorlesungen das größere Gewicht beizumessen. Das „Testat" und das „Zeugnis" scheinen vielen das Hauptziel ihrer „wissenschaftlichen" Vorbildung geworden zu sein.

Tritt so schon die Bedeutung der Vorlesungen über das Bürgerliche Recht hinter den Praktika immer erschreckender zurück, so können die anderen Vorlesungen, welche Gegenstände behandeln, die vom Staate nicht durch die Verleihung von Zwangsübungen ausgezeichnet sind, erst recht nicht mehr aufkommen. Eine Woche lang oder noch länger den Vorlesungsbesuch einzustellen, um eine „gute Praktikumsarbeit" zu machen, galt schon zu meiner Studentenzeit und gilt jetzt in verstärktem Maße als ganz selbstverständlich. Und wie verderblich ein „Loch" im Kollegheft auf den weiteren Besuch wirkt, ist bekannt.

Ganz besonders muß unter dieser Anschauung das Studium des öffentlichen Rechtes (im engeren Sinne) leiden. Bei ihm kommt außerdem noch erschwerend hinzu, daß es auch das Stiefkind der Prüfungsordnung ist. Der Student hat ein ganz deutliches Gefühl dafür, wo er etwas weniger zu wissen braucht: er weiß, daß insbesondere die in der Kommission sitzenden Praktiker auf diesem Gebiete unmöglich völlig zu Hause sind, daß selbst große Lücken im öffentlichen Recht keinen „Durchfall" bedeuten, sondern „höchstens das Prädikat verderben". Wer selbst nie ein publizistisches Kolleg gehört hat, glaubte schon zu meiner Studentenzeit, in acht bis zehn, höchstens in vierzehn Tagen das hier Erforderliche „fein" zu bewältigen; und das dürfte eher noch schlechter geworden sein. Um mich nicht dem Vorwurfe pro domo zu sprechen auszusetzen, möchte ich von Einzelheiten, die mir hier naturgemäß reichlich zur Verfügung stehen, absehen, und nur auch hier wieder auf das prinzipiell Bedenkliche hinweisen, das darin liegt, für die vier publizistischen Disziplinen vier- bis fünfstündige Vorlesungen im Lehrplan vorzuschreiben und dann im Examen — nach einer Prüfung von meist nur zwanzig Minuten — ein Auge, bisweilen beide zuzudrücken. Der Student wird dadurch immer mehr geneigt, auf das Testat den alleinigen Wert zu legen: glaubt er doch, daß auch die Examenskommission bezüglich des öffentlichen Rechts vor allem dies nachprüft.

Auch hier muß darum schon allein aus pädagogischen Interessen Ernst gemacht und Klarheit geschaffen werden. Wenn das öffentliche Recht nicht oder nicht in dem Umfange der bisherigen Vorlesungen wesentlicher Teil des Studiums bleiben soll, so würde es bei der heutigen schulmäßig starren Art unseres Lehrplanes, der ganz auf ein Examen zugeschnitten scheint, nötig sein, dies auch ziffermäßig zum Ausdruck zu bringen.

Mir will freilich scheinen, daß einer Herabsetzung der Stundenzahl für das öffentliche Recht nicht das Wort geredet werden darf. Mag auch für den künftigen Richter und Rechtsanwalt eine genaue Kenntnis des gesamten öffentlichen Rechts nicht von derselben unmittelbar praktischen Bedeutung sein wie die des Privat- und Prozeßrechts, so dürften trotzdem gewichtige Gründe dagegen sprechen. Zunächst Gründe der eigentlich wissenschaftlichen Ausbildung. Eine einseitige Ausbildung im Privat- und Prozeßrecht würde den Studierenden auch eine einseitige Auffassung von Wesen und Bedeutung des Rechtes beibringen: sozusagen zu sehr von der Seite des Anspruchs und Klagerechts, von der Seite des Konfliktes privater Interessen und Güter, von der Seite sozialer Schrankenziehung her, während die Rechtsidee sich doch in dieser Bedeutung keineswegs erschöpft, ja ihre Vollendung und Krönung erst in dem Gedanken des Staates empfängt: in dem sittlichen Zusammenfassen aller individuellen und gesellschaftlichen Kräfte, in dem planmäßigen Zusammenordnen und Organisieren, in der Entwicklung einer ausgleichenden und zugleich ergänzenden und abschließenden Eigentätigkeit durch das souveräne Gemeinwesen selbst, wie sich die Rechtsidee im Staats- und Verwaltungsrecht darstellt. Und diese Ergänzung der zivilistischen Schulung kann, glaube ich, auch für den künftigen Richter nicht entbehrt werden.

Hinzu kommen allgemeinere politische Gesichtspunkte. Juristen haben von jeher wegen ihrer berufsmäßigen Beschäftigung mit den Dingen des öffentlichen Lebens besonders häufig eine Rolle in der Politik gespielt. Es besteht daher das unbestreitbare Bedürfnis, ihnen eine Kenntnis unseres öffentlichen Rechts und seiner historischen Entwicklung zu vermitteln, die ihnen eine gewisse objektive politische Bildung verschafft und einen Blickpunkt über dem Gerede des Tages ermöglicht oder erleichtert. — Aus analogen Gründen möchte ich auch das Völker- und Kirchenrecht nicht abgeschafft wissen, was aber identisch mit einer stärkeren Betonung im Examen sein dürfte: beide als historische und politische Bildungsmittel, letzteres insbesondere auch, weil sich wohl nirgends dem Studenten deutlicher der ideale Gehalt des Rechtes und sein innerster Zusammenhang mit der Kultur- und Ideengeschichte dartun läßt.

Aber der Lehrer des öffentlichen Rechts findet immer seltener den Weg zu den Studenten: seine Vorlesungen fallen in die Semester der Hauptpraktika und der hauptsächlichen Examensvorbereitung. So ist es für das öffentliche Recht unter den Studenten vielfach fast „offiziell“ geworden, sich mit dem — hier besonders wertlosen — Unterricht der Repetitoren zu begnügen. Man kann oft von Studenten als Grund dafür, daß sie niemals (abgesehen vom Testieren nach der Stunde) die Vorlesung besuchten, angeben hören, daß zu jener Zeit „leider“ auch der Repetitor seine Kurse halte. Eindringendes Verständnis in die Fächer des öffentlichen Rechts bildet eine ganz seltene Ausnahme. Ganz besonders hier gilt für den Studenten der Grundsatz schnellen Lernens der im Examen etwa erforderlichen Einzelkenntnisse.

III.

Und nun dies Examen selbst.

Die Furcht vor ihm ist ja sozusagen der Hebel für den Fleiß der Studierenden, es verdient daher ganz besondere Beachtung: der Geist, in dem es eingerichtet ist, ist von geradezu entscheidender Bedeutung für die Art, in der die vorhergehenden Studien gehandhabt werden. Und dieser Geist scheint mir, wiederum ganz wie der des Lehrplanes, vorwiegend ein Geist technischer Gewandtheit zu sein. Vor allem infolge von drei Einrichtungen.

Zunächst durch das neue Institut der Klausurarbeiten. Es dürfte ganz unmöglich sein, in der kurzen Zeit, die für ihre Anfertigung zur Verfügung steht, mehr zu beweisen als eben immer wieder jene technische Gewandtheit, die im bürgerlichen Recht dank der Zwangspraktika eine viel größere sein muß als sie je früher war, im Strafrecht wohl schon eine erheblich geringere und im öffentlichen Recht meist wohl gleich null ist. Es wiederholen sich also hier alle gegen die Zwangspraktika erhobenen Bedenken — und zwar in verstärktem Maße, indem diese Klausuren ihre verhängnisvollen Schatten auf die letzten Semester vorauswerfen. Es wird eine technische Fertigkeit mehr verlangt, die dem Repetitor ein neues Feld der Betätigung verschafft: denn das Wenige, was hier verlangt werden kann, kann der Repetitor so gut üben und beurteilen, wie der akademische Lehrer. Oder — was vielleicht noch verhängnisvoller ist — es finden sich Dozenten, die Übungen mit Klausurarbeiten abhalten, und die dadurch noch um eine Stufe tiefer herabsteigen müssen als schon in den Zwangspraktizis, und die so keineswegs zur Erhöhung des Verständnisses für die eigentliche wissenschaftliche Arbeit und Leistungsfähigkeit der akademischen Lehrer beitragen. So erwägenswert das System der Klausurarbeiten vielleicht für das große Staatsexamen sein mag, in welchem neben der Fähigkeit zu vertiefender Arbeit die Fähigkeit schnellen Zurechtfindens verlangt werden kann — und auch verlangt werden darf, weil eine mehrjährige praktische Tätigkeit allmählich jene Gewandtheit anerzogen hat—, ebenso sehr widerspricht es dem Geiste eines Examens, das eine erfolgreiche wissenschaftliche Ausbildung dartun soll.

Eine Erschwerung des Examens scheint mir daher durch die Klausuren auch keineswegs erreichbar zu sein. Es besteht im Gegenteil jetzt die sehr naheliegende Möglichkeit, schlechte Klausurarbeiten durch eine ausreichende große Arbeit und umgekehrt als kompensiert anzusehen. Erschwert ist so nur das Erreichen des Prädikates, eine sehr beachtenswerte bedenkliche Nebenwirkung, da sie lähmend auf den Ehrgeiz wirkt. Das Examen ist als Ganzes nicht schwerer sondern komplizierter geworden und behindert dadurch noch mehr die ernste Arbeit an den in den letzten Semestern neu aufzunehmenden Materien.

Zweitens erscheint mir die Abhaltung des mündlichen Examens uno actu bedenklich. Die große Masse an paratem positiven Wissensstoff ist so gewachsen, daß unerfreuliche Wirkungen unausbleiblich sind. Die „letzte Repetition" in den dem Examen unmittelbar vorhergehenden Tagen macht den Kandidaten unnütz nervös und fordert eine fast körperlich zu empfindende Belastung und Anspannung der Gedächtniskräfte, die behindernd auf alle anderen Geistestätigkeiten wirkt, insbesondere auf das ruhige Nachdenken und die Betätigung dessen, was wir judicium nennen. Eine Erleichterung dieses Übelstandes ließe sich schon durch eine Zerlegung in zwei bis drei

„Stationen" herbeiführen, zwischen denen ein Zeitraum von wenigen Tagen die Möglichkeit schafft, immer nur Teile des gesamten Stoffes „noch einmal anzusehen" und so auch die durch eine geringere Spannung der Gedächtniskräfte freiwerdenden Geisteskräfte zu sammeln und dann zu betätigen.

Und sodann drittens, vielleicht die Hauptsache: die Heranziehung von Praktikern in die Prüfungskommission des Referendarexamens. Eine sehr schwierige, ja heikele Frage, weil offenbar weder die Praktiker ihren Einfluß auf das Examen gern aufgeben, noch die Dozenten die vermehrte Arbeitslast gern übernehmen wollen — beides aus begreiflichen Gründen. Da mir aber hier einer der wesentlichsten Punkte der Übelstände zu liegen scheint, möge ein offenes Wort verstattet sein.

Es liegt in der Natur der Sache, daß derjenige zu einer Prüfung der geeignetste ist, dem die Leitung der Studien, deren Erfolg geprüft werden soll, anvertraut ist (versteht sich unter der Aufsicht und dem Vorsitz eines neutralen staatlichen Beamten). Nur er kennt die pädagogischen Schwierigkeiten, nur er hat die erforderliche Fühlung mit den Examinanden: und das Examinieren ist eine spezifisch pädagogische, vielleicht die schwerste pädagogische Aufgabe. Nur der Dozent und nicht der ganz anders geistig gerichtete Justizpraktiker ist pädagogischer Fachmann. Es gibt gewiß sehr schlechte Pädagogen unter den Dozenten, aber doch nur wie es auf allen Gebieten auch weniger gute Fachleute gibt. Im übrigen ist der Präsident ja noch da: der kann und wird die Kommissionen geschickt zusammenzusetzen und die durch ungeschickte Pädagogen hervorgerufenen Mängel unschwer auszugleichen wissen.

Neben der pädagogischen Seite kommt die sachliche in Betracht. Während jeder Dozent — freilich mit Ausnahme des öffentlichen Rechts (!) — nur in seinem eigenen Fache prüft, ist es unvermeidlich, daß die richterlichen Mitglieder als Examinatoren aller Fächer verwendet werden, die in der jeweiligen Kommission nicht durch Fachmänner vertreten sind. Und da es sich doch immer um eine Prüfung des Erfolges der wissenschaftlichen Ausbildung handelt, so examinieren selbstverständlich auch die richterlichen Mitglieder die rein theoretischen Gebiete, mit denen sie als Richter gar nichts, wenig oder nur nebenbei zu tun haben. Sie sind also, ohne daß ihnen hieraus der geringste Vorwurf gemacht werden kann, gezwungen, sich selbst zur Vorbereitung auf das Examen in kürzeren Kompendien und Repetitorien, meist in denselben, die die Kandidaten benutzen, zu informieren. Sie sind daher nicht nur in pädagogischer, sondern oft auch in sachlicher Hinsicht Laien, und befinden sich also in viel stärkerem Maße als die fachmännischen Dozenten, die durch ihre systematischen Vorlesungen einen Überblick über das Ganze und durch die Übungen Fühlung mit den Kandidaten haben, in der Gefahr, bald zu viel, bald zu wenig zu verlangen; sie kennen den jetzigen Lehrplan ja überhaupt nur vom Examen her. Sie werden vor allem auch mehr als die Dozenten dazu neigen, in den theoretischen Gebieten auf einzelne Positiva Wert zu legen, da ihr judicium sich nach ganz anderen Richtungen zu betätigen gewohnt ist. Das, worin die richterlichen Mitglieder Fachmänner sind, kann in dem Referendarexamen noch gar nicht zur Entfaltung kommen. Ich habe mit Recht darauf hinweisen hören, daß man doch nicht daran denkt, pathologische Anatomie, Physiologie und dergleichen von praktischen Ärzten prüfen zulassen. — Etwaige Mißgriffe der Dozenten als Examinatoren kann der Vorsitzende viel besser ausgleichen, als es das Zusammenarbeiten zweier heterogener Elemente innerhalb desselben Kollegiums ermöglicht, in dem notwendig das Majoritätsprinzip gilt und der Präsident mit dem anderen Praktiker die beiden Dozenten zu überstimmen in der Lage ist. Schon diese Möglichkeit muß ihre Wirkungen vorauswerfen, und die Dozenten, die das Gewicht ihrer Stimme nicht beeinträchtigen wollen, in Art und Maß ihrer Anforderungen beeinflussen.

Auch aus der Zusammensetzung der Examenskommission sehe ich daher eine gewisse Halbheit resultieren, da beide Elemente nicht zu ihrem Rechte zu kommen und ihre eigentlich wertvollen Qualitäten zu entwickeln vermögen. Das Resultat ist das oft beklagte niedere Niveau des Referendarexamens, das sich in allen Fächern, außer dem BGB., herausgestellt hat: machen doch dies Gesetzbuch und positive juristische Einzelkenntnisse den gemeinsamen Boden aus, auf dem beide Teile stehen, auf dem sie sich daher notwendig treffen mußten. Und die besten Vorbereiter auf ein so gestaltetes Examen werden stets die Repetitoren bleiben: denn das Spezifische, was die Universität geben soll, kann in ihm nicht zur Geltung kommen.

Examina sind denkbar als Abschlußprüfungen oder als Aufnahmeprüfungen: im ersten Falle sind diejenigen, denen die Ausbildung anvertraut ist, die geborenen Examinatoren; in dem anderen Falle diejenigen, die die Fachmänner des neuen Lebensgebietes sind, in das die Kandidaten aufzunehmen sind.

Und endlich: für den Studenten scheint in der Stellung, die den Dozenten in der Prüfungskommission angewiesen ist, wieder ein deutlicher Hinweis für die geringe Wertschätzung, die die Regierung den „Theoretikern" beimißt, zu liegen. Sie überläßt ihnen zwar das Halten von Vorlesungen, vertraut aber ihrem eigenen und selbständigen Urteil nicht die Entscheidung des Erfolges ihres Unterrichts an. Das System selbst scheint ihnen eine Unmündigkeitserklärung der „Theoretiker" zu bedeuten (und wie viele mögen denken: der Repetitor ist doch wenigstens ein Praktiker!). Es kommt ja noch hinzu, daß auf das nur dreijährige Universitätsstudium das vierjährige Referendariat aufgesetzt ist: ein Verhältnis, das seine Berechtigung so lange hatte, als das geltende moderne Recht gar nicht Gegenstand des Universitätsunterrichtes war, sondern erst in dem „praktischen Vorbereitungsdienst" kennen gelernt werden sollte.*) Jetzt, wo die moderne Kodifikation zum Hauptgegenstand auch der „theoretischen Vorbildung" geworden ist, hat die lange Dauer des Referendariates einen anderen Sinn bekommen: sie bedeutet eine capitis diminutio des Universitätsunterrichts.

IV.

Damit berühre ich wieder und immer wieder den Angelpunkt, um den sich m. E. alles dreht: die sachlichen Einrichtungen sind so gestaltet, daß den juristischen Fakultäten im Rechtsstudium eine untergeordnete Stellung angewiesen ist, die sie ihre wahren Kräfte nicht entfalten läßt, die sie der notwendig überlegenen Konkurrenz der Einpauker aussetzt, und die die Studenten die wahre Bedeutung einer theoretischen Ausbildung zu unterschätzen veranlaßt

*) Vgl. Savigny, S. 88/89.

Wir können und dürfen uns durch das Ethos, mit dem der Einzelne seinem wissenschaftlichen Berufe nachgeht, doch nicht darüber täuschen, daß die objektiv-institutionelle Stellung, die wir in der Vorbildung unserer künftigen Richter und Beamten einnehmen, eine recht minderwertige ist: wir bereiten sie auf den Vorbereitungsdienst vor. Der Lehrplan, nach dem wir zu unterrichten haben, ist ganz und gar auf das Referendarexamen zugeschnitten, und die Güte unserer Leistungen wird danach bemessen, wie gut wir die Studenten zu diesem Examen, auf das jeder Repetitor erfolgreich vorbereiten kann, zu rüsten verstehen.

Eine Reform, die an diesem entscheidenden Punkte nichts ändert, die nicht den Juristischen Fakultäten eine andere Stellung im Rechtsstudium einräumt, wird die zu hebenden Mängel nicht abstellen, sondern sie wird — wie zu fürchten ist — immer tiefer in diese Mängel hineinführen. Denn sie kann immer nur dem jetzigen System von Mitteln und Mittelchen, dessen jüngstes Glied die Klausurarbeiten sind, neue hinzufügen. Damit aber wird sie das Studium nur noch schulmäßiger und zwangreicher, das Examen noch technischer gestalten und daher schließlich nur den Repetitoren neue Aufgaben stellen. Jede Aktion ruft eine entsprechende Gegenaktion hervor: und wie die Klausurarbeiten nicht nur vom Examen bereits in die Studienzeit eingedrungen sind, sondern auch, wahrscheinlich mehr oder weniger überall, ein System von kleinen Durchstechereien gezeitigt haben, so wird es jedem neuen Zwangsmittel ergehen, das sich erdenken läßt. Die kriminalpolizeiliche und die kriminelle Technik machen stets parallele Fortschritte, eine Schraube ohne Ende. — Alle solchen Mittel setzen vor allem die Freudigkeit der Lehrer und Lernenden weiteren Kraftproben aus. Freudlose Pflichterfüllung ist gewiß ein ethisches Ideal, das in wichtigen Augenblicken jedem Menschen zuzumuten ist; aber zum „Institut" erhoben, würde sie unabsehbare Gefahren heraufführen.

Auch von dem Vorschlage, regelmäßig die Privatdozenten Repetitorien zur Konkurrenz mit den Einpaukern halten zu lassen, erwarte ich kein Heil. Dies liegt weder im Interesse der Professoren, die die Vorlesungen selbst halten, da diese offiziellen Repetitorien das Hören vielleicht noch mehr beeinträchtigen würden, als die offiziösen; noch im Interesse der Privatdozenten, auf deren vertiefende wissenschaftliche Arbeit ein solcher Zwang leicht depravierend wirken könnte und ihre schon nicht immer ganz leichte Zwischenstellung statt nach der Seite wissenschaftlicher Vornehmheit nach der handwerksmäßiger Arbeit verschieben würde; noch im Interesse der Studenten, da der Privatdozent, als nicht regelmäßige Erscheinung, weder für jedes Fach an jeder Fakultät vertreten ist, noch bei Wegberufungen einen Nachfolger erhält; noch endlich im Interesse der Universität selbst, da eine solche offizielle Funktion der Privatdozenten die Fakultäten bald veranlassen würde, bei der Habilitation die „Bedürfnisfrage" (im Sinne der Bedürftigkeit) zu berücksichtigen und der wissenschaftlichen Qualifikation fremde Gesichtspunkte mit in Anschlag zu bringen. — Diese Bedenken richten sich, wie aus ihrer Begründung hervorgeht, natürlich nicht gegen gelegentliche derartige Kurse durch Privatdozenten, die Zeit, Lust und Gelegenheit dazu haben, sondern nur gegen deren Erhebung zum Institut, die vorgeschlagen worden ist.

Ich glaube daher, daß die erste und wichtigste Forderung für eine Reform dahin geht, die Juristischen Fakultäten ganz erheblich näher an das große Staatsexamen heranzulassen und ihnen die Einwirkung auf ein Studentenmaterial zu ermöglichen, das reif ist, für das, was sie zu bieten vermögen.

Zitelmann hat vollkommen recht, wenn er sagt und näher begründet, daß wir Universitätslehrer uns heute an einer unlösbaren Aufgabe aufreiben. Wie oft haben wir Gelegenheit zu beobachten, daß, wenn die Studenten anfangen reif und empfänglich zu werden und Verständnis zu bekommen, wir sie abgeben müssen. Mit wahrem Neide werden viele, die meisten von uns, ältere theologische, philologische und chemische Studenten, die mit freiem Eifer und Verständnis arbeiten, gesehen haben; sobald ähnliche Freuden, für einen Lehrer zugleich die höchsten und lebensnotwendigsten, sich uns am Horizonte zu zeigen beginnen, schließt sich zwischen uns und unseren Schülern unerbittlich der eiserne Vorhang des Examens. Es ist eigentlich gar nichts Ungewöhnliches, was erstrebt wird, nur das, was alle anderen Fakultäten wie etwas Selbstverständliches genießen.

Es liegt ein offenbarer Widerspruch darin, die Schwierigkeit der Rechtswissenschaft für junge Menschen zu betonen und die künftigen

Juristen mit dem 21./22. Lebensjahre bereits ihren Einflüssen zu entziehen.

Um diesen Forderungen eines erhöhten Einflusses der Juristischen Fakultäten auf das Rechtsstudium und ihrer Entwicklungsmöglichkeit auf reife und aufnahmefähige Studenten zu entsprechen, scheint mir nichts geeigneter, als der Zitelmannsche Vorschlag einer zweimaligen Aufeinanderfolge von Universitätsstudium und praktischem Vorbereitungsdienst (3 Semester einleitendes Studium, 2 Jahre Praxis, 5 Semester Hauptstudium und schließlich wieder 1 Jahr Praxis). Es ist nicht meine Absicht das von Zitelmann Gesagte weniger gut noch einmal zu sagen, sondern ich möchte auch hier nur einige Ergänzungen aus der Seele einer jüngeren Generation anbringen.

V.

Die Gegnerschaft vieler gegen den Zitelmannschen Plan, namentlich solcher, die unter einem abweichenden System nicht nur selber Hervorragendes geleistet haben, sondern auch bedeutende Lehrerfolge erzielt haben, dürfte durchaus verständlich und nicht nur aus einer Neigung des reiferen Alters zu dem Grundsatz quieta non movere zu erklären sein. Zitelmanns Ausführungen machen oft den Eindruck, als halte er das alte System für „an sich" falsch, als deduziere er das seinige sozusagen a priori aus dem Wesen des Rechtsstudiums und dem des „jungen, gesunden, kraftvollen und unverbildeten Mannes". Es mag dahingestellt bleiben, ob dieser Eindruck richtig ist; man wird aber jedenfalls begreifen, daß er alle die, die sich in einem psychologischen Zustande befanden, der von dem von Zitelmann zum Ausgangspunkt gewählten nicht unerheblich abwich, zum Widerspruch und sodann zur Ablehnung seiner Konsequenzen geneigt macht.

So sehr man m. E. die Allgemeingültigkeit des Zitelmannschen Vorbildungsplanes für alle Zeiten ablehnen und zugeben muß, daß das frühere System für jene Zeiten wohl das Richtige getroffen hatte, mit derselben Entschiedenheit muß man aber seine Notwendigkeit für die heutige Studentengeneration bejahen.

Die Achtung vor der Wissenschaft, die früheren Generationen etwas Selbstverständliches war, ist es der heutigen keineswegs mehr: das literarisch-philosophisch-theoretisierende Interesse, das frühere Generationen ganz unbewußt in das Studium mitbrachten, ist heute anderen Interessen gewichen. Die Wellen dieser großen deutschen Geistesbewegung haben sich an den Ereignissen des Jahres 1870 gebrochen; man wird nicht fehl gehen, wenn man von den etwa in diesem Jahre Geborenen an eine neue Generation datiert, die mit den später Geborenen mehr zusammenhängt als mit den früheren. Es war im neuen Reich eine solche Fülle von Gelegenheiten zum Handeln und zur Betätigung gegeben, daß das Denken, daß Theorie und Wissenschaft merkwürdig im Kurse sanken. Früheren Generationen brauchte der Wert der Wissenschaft nicht erst demonstriert zu werden, die heutige aber muß erst dahin gebracht werden, aus dem blinden Lebens- und Tätigkeitshunger wieder herauszukommen: ihr kann im Leben erst aufgehen, daß das „Leben" nicht alles, ja ohne Theorie nichts ist.

Mir wurde jüngst entgegengehalten, daß für jeden Unterricht der Glaube an irgend einen Anfang vorausgesetzt werden muß. Das ist ganz gewiß richtig. Aber die Notwendigkeit des rechtsgeschichtlich-theoretischen Anfangs wird eben von der heutigen Generation nicht geglaubt — darum steht ja das ganze weitere Studium auf so schwachen Füßen —, während sie an das Leben und seine Bedürfnisse „glaubt". Dasselbe Recht, das eine frühere Generation darauf hatte, daß das Rechtsstudium auf dem Grunde ihres ersten Glaubens errichtet wurde, hat die heutige Generation auf den ihrem Lebensglauben entsprechenden Zitelmannschen Plan. Wenn wir an die heutige Generation überhaupt mit Theorie heranwollen, dann müssen Einrichtungen getroffen werden, die zunächst einmal ihre Selbstsicherheit dem Leben gegenüber brechen, die ihr aus dem Leben selbst das Bedürfnis nach Wissenschaft erstehen lassen. Diesen Gedanken hat Zitelmann mit bewundernswertem Scharfblick der jetzigen Studentengeneration aus der Seele gelesen. Sie ist viel induktiver veranlagt als frühere Zeiten; sie hat eine ganz eigentümliche Fähigkeit, aus dem Wirklichen, aus der konkreten Einzelheit zu lernen, während ihr die abstrakte formale Theorie natürlich wohl mehr oder weniger verstandesmäßig nahe gebracht werden kann, aber nie ihr innerster geistiger Besitz wird. Der Pädagoge muß die geschilderte eigentümliche

Begabung als Hebel für seine Einwirkung benutzen, sonst ist er in Gefahr mit seinen Werkzeugen einfach abzugleiten.

Es handelt sich also bei dem Zitelmannschen Vorschlage nicht etwa um eine prinzipielle und revolutionäre Neuerung, oder um eine verwerfliche Konzession an einen amerikanisch-praktisch-utilitarischen Geist des Studententums. Die alten theoretischen Ziele und Ideale sind vielmehr dieselben geblieben. sie sind sogar erweitert durch die erhöhte Bedeutung, die der Nationalökonomie beigemessen wird: an ihnen wird kein Verständiger rütteln. Es handelt sich nur um eine Veränderung des Weges, auf dem das alte und bereicherte Ziel gewonnen werden soll. Es handelt sich nicht um eine Konzession oder ein Nachgeben in den Prinzipien, sondern um die aus pädagogischen Gründen unvermeidliche Berücksichtigung veränderter psychologischer Tatbestände. — Es ist im Gegenteil zu sagen, daß das heutige System, wie zu zeigen versucht wurde, zu solchen amerikanisch-technisch-utilitarischen Konsequenzen geführt hat, und daß es gerade der Zweck des Zitelmannschen Planes ist, diesen entgegenzuarbeiten.

Es gibt vielleicht kein deutlicheres Symptom für die Notwendigkeit der Neuordnung in diesem Sinn als der Umstand, daß sich, bei genauerem Zusehen, unter der Decke der offiziellen Regelung ein dem geforderten durchaus analoges System tatsächlich wie von selbst entwickelt hat. — Zur Vorbereitung auf die Praxis arbeitet der durchschnittliche Student etwa drei Semester, und nach dem ihm im Verlaufe seiner Referendarzeit klar geworden ist, was das Recht und seine Wissenschaft eigentlich bedeuten, beginnt er seine erste vertiefende und systematische Arbeit an dem Ganzen des Rechtsstoffes gelegentlich seiner Vorbereitung auf das Assessorexamen. — Für beides versagt sich ihm die Universität, indem sie für die erste Arbeit ein Angebot macht, dem keine Nachfrage entspricht, und für die zweite Arbeit der vorhandenen Nachfrage mit keinem Angebot begegnet. An beiden Stellen hat sich beim Versagen des offiziellen staatlichen Apparates aus der Gesellschaft selbst das System der Repetitoren zur Befriedigung dieser Bedürfnisse entwickelt. Und es ist charakteristisch, ein wie unvergleichlich höheres Niveau der Repetitor zum Assessorexamen hat als sein Vorgänger. Es ist das einfachste und eigentlich selbstverständlichste Gebot politischer Klugheit, gesellschaftliche Bildungen, die man als Schädlinge erkannt hat, dadurch zu beseitigen, daß man die Bedürfnisse, die zu ihnen geführt haben, mit staatlich geordneten und geleiteten Mitteln befriedigt, zumal, wenn die Institute, die diesen Dienst zu leisten vermögen, da sind und nach Betätigung ihrer gebundenen Kräfte schreien. Man hat so zugleich die Möglichkeit, diese Bedürfnisse in erwünschte Bahnen zu lenken und sie, wie ihre Befriedigung, zu veredeln.

Wenn wir die heutigen gesellschaftlichen Erscheinungen richtig zu deuten verstehen, können wir schon aus ihnen eine Widerlegung aller Einwürfe, die gegen das System der Zwischenpraxis erhoben werden, entnehmen. Wieviel in zwei bis drei Semestern zur Vorbereitung auf die Praxis geleistet werden kann, zeigt der jetzige Repetitorenbetrieb; im übrigen soll ja künftig gar nicht mehr so viel nach drei Semestern wie bisher nach den sechs offiziellen verlangt werden. Auch die Befürchtung, daß das Theoriebedürfnis sich in der „Zwischenpraxis" nicht einstellen und so das zweite Studium nicht entsprechend genutzt werden würde, ist unberechtigt. Wer auch nur z. B. die Kurse der Vereinigung für Staatswissenschaftliche Fortbildung gesehen hat, wird den besten Eindruck von dem Eifer und der Lernfreudigkeit der Beteiligten mitgenommen haben. Und es gibt eine große Anzahl von Referendaren, die nach einiger Zeit praktischer Tätigkeit selbst das Gefühl haben, daß sie jetzt erst wirklich „studienreif" sind, und dann bedauern, daß sie nun nicht mehr „von vorn anfangen können". Dies Gefühl wird sich noch viel stärker bei den Referendaren der „Zwischenpraxis" der vorgeschlagenen Neuordnung herausstellen: ohne wirkliche theoretische Bildung in die Praxis gekommen, werden sie dort sehr bald einsehen, wie sie solcher dringend bedürfen, um den Aufgaben der Praxis gewachsen zu sein.

Auch die bei den Gerichten wie bei den Regierungen eingebürgerten „Kurse" zeigen, daß hier ein offenbares Bedürfnis nach theoretischer Ergänzung der praktischen Ausbildung vorliegt. Noch jüngst ist von einem Praktiker*) eine Ausgestaltung dieser Kurse gefordert worden, da sich die Universität dieser Aufgabe entziehe. Und dabei scheint mir doch gerade die Universität das gegebene Institut für solche Fortbildung zu sein. Nur sie verfügt über berufsmäßige „Lehrer"; auch ist zu bedenken, daß man gerade die hervorragendsten Praktiker so nötig für ihren Hauptberuf braucht, daß man ihnen bei einer etwaigen Übertragung solcher Kurse schwer auch nur Erleichterungen in diesem würde

*) Schwickerath in der Deutschen Juristenzeitung, XV 172 ff.

gewähren können. Im übrigen dürfte das, wodurch der Praktiker auf die von ihm auszubildenden Referendare wirkt, viel mehr in den unbewußten Einflüssen seiner Persönlichkeit und seiner ganzen Art, die Dinge richtig anzufassen und oben zu schwimmen, liegen, als in seinen bewußten Instruktionen. Für diese ist im allgemeinen der Universitätslehrer der berufene Mann.

Es ist auch keineswegs utopisch, wenn man von einem 22 bis 23 Jährigen mehr Ernst und Reife erwartet als von einem 18 bis 19-Jährigen. Den älteren Studenten gegenüber würde die akademische Freiheit einen ganz neuen Sinn bekommen und erst wirklich zu einem berechtigten Institut werden. Heute ist diese Einrichtung ja fast zur Karrikatur geworden. Explizite ist sie den Juristen nicht genommen, aber man hat ihnen einen starren Lehrplan gegeben, der ihnen für jedes Semester fast genau (bei der Lage der Stunden in den einzelnen Universitäten eigentlich unter Ausschluß jeder erheblichen Wahlfreiheit), ohne Rücksicht auf ihre Individualität und ihre besonderen Wünsche für die einzelne Universität, vorschreibt, was sie zu belegen haben. So ist es gekommen, daß aus der akademischen Freiheit, die eine Freiheit in der Wahl unter den einzelnen Lerngebieten sein sollte und wollte, eine Freiheit in der Wahl zwischen Lernen und Nichtlernen, die meist zugunsten des letzteren ausfällt, geworden ist. Die Freiheit, die sich in der Auswahl der Lerngebiete nicht zu betätigen vermag, exzediert in der Betätigung des Nichtstuns. Der Zwang, der das „Belegen" bestimmter Vorlesungen fordert, zeitigt jenes Scheinwesen des ordnungsmäßigen Testierheftes, dem ein um so ungeordneteres Hören des Belegten entspricht. Es kommt vor, häufiger als offiziös bekannt ist, daß ein Student, der aus irgend welchen Gründen, z. B. durch das militärische Dienstjahr, außer Reihe gekommen ist, während mehrerer Semester andere Vorlesungen belegt als er tatsächlich hört. Der fast unerträgliche Stumpfsinn, mit dem der heutige Student seinen Stundenplan macht, ja eigentlich machen muß (es handelt sich meist nur um die Frage, ob er dies oder jenes Kolleg in dem jeweiligen Semester noch „mit belegt", da es gerade so „bequem" liegt), könnte und müßte einer größeren Freiheit und Selbsttätigkeit weichen, die unbedingt auch eine größere Freudigkeit in der Erfüllung der selbst übernommenen Pflichten zur Folge hätte.

Es dürfte sich daher auch schon für die erste Studienzeit empfehlen, keine Vorschriften darüber zu machen, ob der Student mit der Einführung in das öffentliche, das Privat- oder Strafrecht, ob er mit der theoretischen oder der praktischen Nationalökonomie beginnt. Jede dieser Möglichkeiten hat etwas für sich; welche das Richtige ist, hängt von dem Einzelnen, hängt von dem Dozenten und hängt vor allem davon ab, ob der betreffende Dozent dem betreffenden Studenten etwas zu sagen vermag. Eine ganz persönliche Erinnerung mag hier Platz finden. Diejenige Vorlesung, die mich der Jurisprudenz gewonnen hat, war eine ganz vorschriftswidrig belegte: das Sachenrecht neben dem Allgemeinen Teil und dem Recht der Schuldverhältnisse, in dem Semester vor dem deutschen Privatrecht. — Warum soll der Student nicht frei wählen dürfen? Das Verbot der freien Wahl führt ja doch nur dazu, daß er die nicht zu ihm sprechende Vorlesung schwänzt und die dem Plane nach folgende nun doch hört, bevor er die vorhergehende in sich aufgenommen hat.

Eine ebenso erfreuliche Wirkung verspreche ich mir von der Änderung im Zitelmannschen Sinne für die Universitätslehrer.

Unser jetziger Vorlesungsbetrieb hat etwas eigentümlich Widerspruchsvolles und Unzeitgemäßes. Die Vorlesung will zugleich lehren, also die geistige Aufnahme des dargebotenen Stoffes durch Anregung der Selbsttätigkeit hervorrufen, — und daneben den Stoff in einer Form bieten, die die Grundlage für ein Arbeiten zum Examen einige Jahre später bilden soll. Es ist vielleicht schon charakteristisch, daß es neben diesen Vorlesungen heute weitere Einrichtungen gibt, die diese beiden Ziele getrennt verfolgen. Die Übungen und Konversatorien sollen dem Lernen durch Anregung zur Selbsttätigkeit dienen, und die zahlreichen kürzeren oder ausführlicheren Kompendien (die Zeiten, wo es hier nur ein geringes konkurrenzloses Angebot gab, oder gar „bedeutende Preise" für Lehrbücher ausgesetzt werden mußten,*) sind längst vorüber), in letzter Linie der Repetitor, dienen dem examensmäßigen Arbeiten. Die starke Beeinträchtigung, die die Vorlesungen durch diese doppelte Konkurrenz erfahren, zeigt deutlich, daß sich unser juristisches Vorlesungswesen in seiner jetzigen Art überlebt hat.

Auch hierin würde die Teilung des Universitätsstudiums in ein erstes und zweites Stadium viel helfen. Die Vorlesungen des ersten Stadiums brauchten nicht zugleich an die drei Jahre spätere Zeit der

*) Savigny, S. 88.

Examensarbeit zu denken und könnten so den unmittelbar belehrenden Zweck ganz in den Vordergrund rücken; und die Vorlesungen des zweiten Stadiums, die der elementaren Belehrung entraten können, würden sich wiederum mehr konversatorisch und so auf diese Weise lebensvoller und anregender gestalten lassen. Die jetzt schon gelegentlich versuchte Art, in den Vorlesungen (etwa unter Zugrundelegung irgend eines Kompendiums für die in allen Büchern identischen Positiva) nach Auseinandersetzung der allgemeinen Grundlagen die weiteren Konsequenzen aus den Studierenden herauszufragen, würde die gegebene, für beide Teile anregende Methode der zweiten Studienhälfte sein. Bei einer solchen Gestaltung brauchten wir die Konkurrenz der Einpauker nicht mehr zu fürchten!

Aus der größeren akademischen Freiheit, von der die Rede war, würde vermutlich auch die Güte der Vorlesungen Nutzen ziehen. Wer Jahr für Jahr dieselbe Vorlesung für eine Anzahl von Belegern hält, die nicht von der Güte und Frische des Dargebotenen abhängt, sondern nur von der äußeren Tatsache, daß die einzelnen Universitäten vorzugsweise von bestimmten Semestern aufgesucht zu werden pflegen, wird — das ist allgemein menschlich — mit weniger Freudigkeit und Eifer lesen, als wer weiß, daß er seine Hörer immer wieder erwerben muß.

Es müßte eine Lust sein, in dieser zweiten Studienhälfte zu lehren und zu lernen! Hier würden die r e c h t s g e s c h i c h t l i c h e n S t u d i e n mit Nutzen und Genuß zu ihrem Rechte kommen. Gerade historisches Verständnis setzt eine gewisse Reife voraus, wie sie in unserer vorwärtsstrebenden Zeit bei 18 und 19 Jährigen selten vorhanden sein wird: diesen wird die Geschichte leicht als bloße tote Vergangenheit erscheinen und ihre eigentliche Rolle als Erzieherin zur Dankbarkeit und zur begeisterten Verehrung früherer Größen nicht spielen können. — Hier könnte ein ernsthaftes Studium des V e r w a l t u n g s r e c h t s Platz greifen, das jetzt keinen Raum finden kann. Zum Vorteil der Studenten, die zwar einen Einblick in die Erschaffung des römischen Rechts durch die klassischen Juristen erhalten, aber meist nichts davon ahnen, daß sich vor unseren Augen durch die Judikatur der obersten Verwaltungsgerichte ein analoger Prozeß vollzieht. — Und zugleich zum Vorteil eben dieses Prozesses und der Weiterbildung der Verwaltungsrechtswissenschaft, die bei uns die ihr geziemende Bedeutung noch nicht errungen hat: sie hat es bisher weder verstanden die Praxis in der erforderlichen Weise zu befruchten, noch auch alle Befruchtungen durch die Praxis zu verwerten. Mir will es auch oft scheinen, als entspräche es der jetzigen Studentengeneration vielleicht mehr, von der Seite des Verwaltungsrechts in Wesen und Bedeutung des öffentlichen Rechts eingeführt zu werden: sie ist bereits in die fest konsolidierten Verfassungsverhältnisse des Reiches und in eine verfassungsrechtlich saturierte Zeit hineingeboren, so daß sie mehr Sinn für die verwaltungsrechtliche Organisation und Ausgestaltung der einzelnen Lebensgebiete hat, als für allgemeine Erörterungen über das Wesen des Staates und über Verfassungsprobleme.

In dem zweiten Universitätsstudium würden endlich alle jene Gebiete unserer Wissenschaft, die jetzt gar nicht oder nur unzureichend getrieben werden können, in größeren und kleineren Einzelvorlesungen zum Nutzen der Studenten, wie dem dieser Disziplinen selbst, gepflegt werden. Gerade auf diese Einzelvorlesungen legt Zitelmann mit vollem Recht ein besonderes Gewicht. — Man fordert jetzt immer wieder besondere Professuren für Kolonialrecht und Sozialrecht. Die Schwierigkeit zu dieser Forderung Stellung zu nehmen, offenbart wieder typisch das Widerspruchsvolle unseres heutigen Lehrbetriebes. An sich werden diese Forderungen zweifellos mit gutem Grunde erhoben; aber was sollen wir in unseren heutigen Fakultäten mit neuen Professuren, wo die vorhandenen noch nicht einmal genutzt werden! Es ist ein symptomatisches Argument für die Richtigkeit der von Zitelmann geforderten Ordnung, daß in ihr diese berechtigten Professuren eine Stätte finden würden. — Auch hervorragenden Praktikern könnte man zu kleineren Spezialvorlesungen, wie sie sie in den Staatswissenschaftlichen Fortbildungskursen mit Erfolg gehalten haben, hier Raum verschaffen, und so diese Kurse in den Universitätsbetrieb mit aufnehmen. Was könnte das für ein angeregtes, geistiges Leben in unseren Fakultäten werden! So daß auch hin und wieder vielleicht ältere Praktiker veranlaßt würden, als Lernende an ihm teilzunehmen!

Und auf der anderen Seite würden (worauf auch Zitelmann mit Recht hinweist) die Einleitungskurse des ersten Universitätsstudiums mit Nutzen auch von Nichtjuristen gehört werden und so eine gewisse juristische Elementarbildung, die schließlich dem Juristenstande selbst zugute kommt, in weitere Kreise tragen können.

Durch die Verwirklichung des Zitelmannschen Planes würden die Juristischen Fakultäten ihre Kräfte, die durch den jetzigen Lehrplan gebunden sind, erst entfalten können und das werden, wozu sie eigentlich berufen und fähig sind: zu zentralen Pflanz- und Pflegestätten juristischer Forschung und juristischer Bildung.

VI.

Endlich noch einige Worte über die Art, wie sich die Examina nach dem System der Zwischenpraxis gestalten würden, insbesondere im Hinblick auf die durch sie geschaffene Arbeitslast.

Die Notwendigkeit des Examens nach dem ersten Universitätsstudium ist deutlich und auch von Zitelmann betont. Der Natur der Sache entsprechend kommen hier nur Universitätslehrer als Examinatoren in Betracht. Aber da es nur zwei Mal im Jahre stattfindet und sich wohl nur oder im wesentlichen auf eine mündliche Prüfung nach der Art des Physikum ohne Schaden beschränken könnte, würde Arbeitslast und Zeitverlust nicht zu schwer zu ertragen sein.*)

Schwieriger ist die Frage nach der Notwendigkeit eines Examens zum Abschluß des zweiten Universitätsstudiums. Ich glaube, daß auch diese Frage bejaht werden muß. Durch ein solches Examen würde sich die Dezentralisierung der Studierenden auf die einzelnen Universitäten — ähnlich wie vor dem jetzigen Referendarexamen — ganz natürlich ergeben und so Zitelmanns Sorge, daß die Studierenden in allzu starker Anzahl die großstädtischen Universitäten, namentlich Berlin, aufsuchen würden, aufheben. — Dies Examen scheint mir aber auch sonst im Interesse der Sache geboten:

---

*) Anders Zitelmann S. 29. Ich bin jedenfalls gegen Klausurarbeiten.

nur ein Examen kann die Garantie schaffen, daß die gewährte akademische Freiheit nutzbringend verwertet wird.

Das bisherige System, das auf einer genauen Reglementierung der gesamten Studienzeit und des Examens beruht, mußte eine Veräußerlichung des Studiums und ein mittelmäßiges Examensniveau schon aus dem Grunde zur Folge haben, weil ein dauernd geübter Zwang abstumpfend auf Zwingende wie Gezwungene wirkt. Im Gegensatz hierzu scheint mir das richtige Prinzip in einer ein Mal, dann aber nachhaltig geübten Aufsicht zu liegen: überall kann umsomehr Freiheit und Selbstverwaltung gewährt werden, je kräftiger und zielbewußter die Aufsichtsgewalt gestaltet ist. Aus den oben für das Referendarexamen entwickelten Gründen wäre es vorteilhaft, auch hier nur Universitätslehrer zu Examinatoren zu nehmen, was umso unbedenklicher wäre, als bereits ein Jahr darauf das große Staatsexamen, das natürlich nur in den Händen von Praktikern liegen würde, stattfindet.

Durch zweckmäßige Einrichtungen ließe sich m. E. die vermehrte Arbeitslast dieses Examens erträglich gestalten. Da das Examen in Stationen vor sich zu gehen hätte, brauchten nicht alle vier Universitätslehrer (Romanist, Germanist, Kriminalist, Publizist) gleichzeitig anwesend zu sein, sondern es würde genügen, wenn außer dem Präsidenten immer nur zwei anwesend wären, wie es schon jetzt beim Staatsexamen der philosophischen Fakultät ohne Nachteil der Fall ist. Die Prüfungen wären ferner am Sitze der Universität, so daß die Fahrten nach dem Sitze der Oberlandesgerichte, die jetzt oft nötig sind und den Dozenten Zeit sowie dem Staate Geld kosten, wegfielen. Die Klausuren sodann würden auch für dies „wissenschaftliche" Examen zu streichen sein. Und endlich wäre zu erwägen, ob man die für die Korrektur der großen „schriftlichen Arbeiten" nötige Zeit nicht verkürzen könnte. Hierfür käme zunächst in Betracht, daß man Dissertationen, die ja dann von drei Jahre älteren Herren verfertigt würden und ein entsprechend höheres Niveau hätten, wie im philosophischen Staatsexamen auch als Examensarbeiten annähme. Man könnte ferner die sechswöchige Frist für diese Arbeiten herabsetzen auf etwa drei Wochen: handelt es sich doch nur darum, ein specimen eruditionis zu erhalten, das sich auch in einer kürzeren Zeit erbringen läßt, zum Vorteil der Kandidaten und Examinatoren. Und endlich könnte man daran denken, an die Stelle der schriftlichen Arbeit mündliche Vorträge von 30—40 Minuten über Themata zu setzen, die den Kandidaten zwei Wochen vor dem Termin zugestellt werden: die Fähigkeit theoretische Fragen zu vertiefen und klar darzustellen, ließe sich auch auf diesem Wege, der jedenfalls den Klausurarbeiten vorzuziehen ist, erweisen. Das bevorstehende große Staatsexamen wird ja ohnedies noch Gelegenheit zu großen schriftlichen Arbeiten bieten.

Bei einer solchen oder ähnlichen Gestaltung dieses zweiten Examens würden also, wie in dem jetzigen Referendarexamen, immer nur zwei Dozenten in der Kommission sitzen. Und das etwas häufigere Eintreten der Termine würde durch den Wegfall der Klausurarbeiten, die Verminderung der großen schriftlichen Arbeit und die Abhaltung der Prüfung am Ort der Universität gut ausgeglichen werden können. Es kann jedenfalls nicht schwer sein, Mittel und Wege zu finden, um die Examenslast trotz der Entfernung der Praktiker nicht übermäßig zu steigern. Im übrigen ist zu bedenken, daß ein Zwischenexamen sich in der Zukunft kaum wird vermeiden lassen, ob man nun den Zitelmannschen Plan adoptiert oder nicht. Bei den erhöhten Anforderungen, die die stärkere Berücksichtigung der Nationalökonomie und des Verwaltungsrechts stellen wird, ist eine Verlängerung des Studiums nicht zu umgehen, und diese hat die unvermeidliche Folge eines Zwischenexamens, da man die Studierenden nicht sieben bis acht Semester hintereinander ohne Prüfungskontrolle arbeiten lassen kann.

Doch genug der technischen Fragen. Wenn irgendwo, gilt hier der Satz, daß, wo ein ernster Wille ist, auch ein Weg sich findet. Die größere Freude am Beruf, die ein anders gestalteter Lehrplan brächte, und die erhöhte Bedeutung für das staatliche Leben, die die Juristischen Fakultäten dann erlangten, sind schließlich so hohe Güter, daß es ihrer nicht würdig wäre, wollten sie um etwas mehr oder weniger Arbeit geizen: ohne Opfer ist schließlich kein Fortschritt zu erkaufen!

VII.

Der Gedanke der Zwischenpraxis scheint mir so tief und wesentlich in der Eigenart der jetzigen Generation zu wurzeln und die Notwendigkeit einer Reform, die in dem Punkte, der hier als das Wesentliche herauszuarbeiten versucht wurde, gründlichen Wandel schafft, so einleuchtend, daß ich mit Zitelmann fest überzeugt bin, daß diese Neuordnung einmal kommen wird. Vielleicht wendet man auf diesem Gebiet eine Methode an, deren sich die Militärverwaltung oft bedient, indem sie wichtige Neuordnungen vor ihrer allgemeinen Einführung in einigen Armeekorps ausprobiert. Ein Versuch dieser Art, in drei Universitäten, einer größeren, mittleren, kleineren, einer westlichen, in der Mitte gelegenen und östlichen, etwa Bonn, Kiel, Königsberg, würde sicher schon interessante Resultate zeitigen. Es wäre nicht das erste Mal in der preußischen Verwaltungsgeschichte, daß das Eindringen von Methoden der Militärverwaltung in andere Gebiete zum Segen gereicht.

Im letzten Grunde handelt es sich bei diesem Gedanken der Abwechslung von Studium und Praxis ja um gar nichts grundstürzend Neues, sondern nur um die Anwendung der allgemein bewunderten und anerkannten „Idee“ unseres größten Bildungsromans auf das Gebiet der juristischen Vorbildung.

> „Denken und Tun, Tun und Denken, das ist die Summe aller Weisheit, von jeher anerkannt, von jeher geübt, nicht eingesehen von einem Jeden. Beides muß, wie Aus- und Einatmen, sich im Leben ewig fort hin und wieder bewegen; wie Frage und Antwort sollte eins ohne das andere nicht stattfinden. Wer sich zum Gesetz macht, was einem jeden Neugeborenen der Genius des Menschenverstandes heimlich ins Ohr flüstert, das Tun am Denken, das Denken am Tun zu prüfen, der kann nicht irren; und irrt er, so wird er sich bald auf den richtigen Weg zurückfinden.“

So sagt Jarno zu Wilhelm Meister. (Wanderjahre, II 10.)

Mögen die Männer, die das Werk der Neuordnung unseres Rechtsunterrichtes ausführen, dieser Worte eingedenk sein! Dann werden sie sich nicht mit der Einfügung neuer Mittel und Mittelchen in das jetzige System begnügen, sondern die Axt an die Wurzel der Übelstände legen. Die institutionelle Stellung der Juristischen Fakultäten muß eine andere werden. Die juristische Wissenschaft darf nicht noch tiefer im Kurse sinken. Nur durch Durchdringung mit ihrem Geist können wir, in unserer Zeit der Zersetzung alter Traditionen und des Eindringens interessepolitischer Bestrebungen in alle Kreise, unser Beamtentum als das erhalten, was es war und bleiben soll: ein selbständiger Faktor im Staatsleben, unabhängig nach oben wie nach unten, auch dem gesellschaftlichen und parlamentarischen Parteigetriebe gegenüber, selbständig durch seinen Geist der Sachlichkeit.

Es handelt sich um eine der wichtigsten Fragen der Politik und der Kultur.

FSC
www.fsc.org
MIX
Papier | Fördert gute Waldnutzung
FSC® C083411

Kolibri 360 GmbH
Ferdinand-Jühlke-Straße 7
99095 Erfurt, Deutschland
produktsicherheit@kolibri360.de